BEI GRIN MACHT SICH IHR WISSEN BEZAHLT

- Wir veröffentlichen Ihre Hausarbeit,
  Bachelor- und Masterarbeit

- Ihr eigenes eBook und Buch -
  weltweit in allen wichtigen Shops

- Verdienen Sie an jedem Verkauf

Jetzt bei www.GRIN.com hochladen
und kostenlos publizieren

Bibliografische Information der Deutschen Nationalbibliothek:

Die Deutsche Bibliothek verzeichnet diese Publikation in der Deutschen National-
bibliografie; detaillierte bibliografische Daten sind im Internet über http://dnb.d-
nb.de/ abrufbar.

Dieses Werk sowie alle darin enthaltenen einzelnen Beiträge und Abbildungen
sind urheberrechtlich geschützt. Jede Verwertung, die nicht ausdrücklich vom
Urheberrechtsschutz zugelassen ist, bedarf der vorherigen Zustimmung des Verla-
ges. Das gilt insbesondere für Vervielfältigungen, Bearbeitungen, Übersetzungen,
Mikroverfilmungen, Auswertungen durch Datenbanken und für die Einspeicherung
und Verarbeitung in elektronische Systeme. Alle Rechte, auch die des auszugsweisen
Nachdrucks, der fotomechanischen Wiedergabe (einschließlich Mikrokopie) sowie
der Auswertung durch Datenbanken oder ähnliche Einrichtungen, vorbehalten.

Impressum:

Copyright © 2008 GRIN Verlag, Open Publishing GmbH
Druck und Bindung: Books on Demand GmbH, Norderstedt Germany
ISBN: 9783640625222

Dieses Buch bei GRIN:

http://www.grin.com/de/e-book/150764/rassismus-antidiskriminierung-und-konse-
quenzen-fuer-soziale-arbeit

Philipp Rösel

Rassismus, Antidiskriminierung und Konsequenzen für Soziale Arbeit

GRIN Verlag

GRIN - Your knowledge has value

Der GRIN Verlag publiziert seit 1998 wissenschaftliche Arbeiten von Studenten, Hochschullehrern und anderen Akademikern als eBook und gedrucktes Buch. Die Verlagswebsite www.grin.com ist die ideale Plattform zur Veröffentlichung von Hausarbeiten, Abschlussarbeiten, wissenschaftlichen Aufsätzen, Dissertationen und Fachbüchern.

Besuchen Sie uns im Internet:

http://www.grin.com/

http://www.facebook.com/grincom

http://www.twitter.com/grin_com

Rassismus, Antidiskriminierung und Konsequenzen für Soziale Arbeit

Philipp Rösel

Studienarbeit

An der

Hochschule für angewandte Wissenschaften Regensburg
Fakultät Sozialwissenschaften
Bachelor-Studiengang „Soziale Arbeit"
Wintersemester 2007/2008

Inhaltsverzeichnis

1. Klärung verwendeter Begriffe

Vor dem Einstieg in die Thematik, bietet es sich an, zentrale Begriffe zu klären. All jene sind zwar bekannt und gehören zum gängigen Vokabular, werden aber selten wirklich definiert, bzw. häufig unterschiedlich interpretiert. Ich orientiere mich in meinen Ausführungen weitestgehend an den Definitionen, die Treichler (2004, S. 71-98) liefert.

Unter Diskriminierung versteht man laut Treichler (2004, S. 71-98) eine Benachteiligung, Verletzung von Rechten,…etc. von Menschen, die bestimmte, gemeinsame Merkmale haben. Diese können sehr unterschiedlich sein (Hautfarbe, Religion, Geschlecht, sozialer Status…etc.). Rechtswissenschaften, Soziologie sowie die Psychologie liefern jeweils unterschiedliche Begriffsbestimmungen hierfür. Zusammenfassend kann man jedoch sagen, dass Diskriminierte in bestimmten Situationen aufgrund der oben genannten Merkmale eine weniger günstige Behandlung erfahren als andere.

Auch was den Begriff Rassismus anbelangt, gibt es verschiedene Sichtweisen, was genau dieser umfasst. Rassismus bedeutete ursprünglich diskriminierendes Verhalten gegenüber farbigen Mitmenschen. Der dort enthaltene Begriff Rasse suggeriert die Existenz von mehr als einer Art des Homo Sapiens. Häufig wird bei Verwendung dieses Begriffs darauf verwiesen, dass er lediglich aus praktischem Nutzen verwendet wird (z.B. Antidiskriminierungsrichtlinien der Europäischen Union), damit aber keinerlei Akzeptanz von Rassetheorien verbunden sei. Ich verwende den Begriff Rassismus ausgeweitet auf die Diskriminierung ethnischer Gruppen aufgrund äußerlich sichtbarer Merkmale wie z.B. die Hautfarbe. Von Theorien der Existenz mehrerer Rassen Mensch möchte ich mich jedoch klar distanzieren!

Zuletzt muss kurz umrissen werden, was unter ethnischen Gruppen zu verstehen ist. Hier handelt es sich um Menschen, die aufgrund gemeinsamer Merkmale als homogene Gruppen wahrgenommen werden. Diese können von Lebensstil, Religion, Volkszugehörigkeit…etc. bis Hautfarbe sehr weit gefächert sein. Hierin liegt bereits ein erster Schritt zur Diskriminierung und zum Empfinden Anderer als Fremde. Es wird missachtet, dass die Zugehörigkeit zu sozialen Milieus in multikulturellen Gesellschaften keineswegs immer homogen ist, sondern der Heterogenität unterliegt. Vor allem bei Migranten zweiter und dritter Generation beispielsweise wird diese Komplexität schnell deutlich (Treichler, 2004, S. 71-98).

2. Rassismus und Antidiskriminierung in Aufgabenfeldern der Sozialen Arbeit

Soziale Arbeit als Profession kann sich der Thematik aufgrund der immer größer werdenden Bedeutung der ihr beizumessen ist nicht entziehen. Diese Aspekte müssen deshalb bereits bei der Ausbildung besser berücksichtigt werden, da sämtliche Bemühungen innerhalb der Sozialen Arbeit hin zu einer wirksamen Antidiskriminierungsarbeit ganz klar noch am Anfang sind. Geschieht dies nicht, muss sich die Soziale Arbeit den Vorwurf gefallen lassen, bedeutende Entwicklungen verschlafen zu haben. Ein gutes Beispiel für diesen Zugewinn an Dringlichkeit ist die Verabschiedung des Allgemeinen Gleichbehandlungsgesetzes (AGG) der Bundesrepublik Deutschland (BRD) 2006. Auch wenn Deutschland keineswegs eine Vorreiterrolle was Antidiskriminierung anbelangt beizumessen ist, wird das Thema mittlerweile sensibler behandelt (Treichler, 2004, S. 71-98).

Um einen wirksamen Schutz vor Diskriminierung, rassistischer Gewalt…etc. für alle Mitglieder der Einwanderungsgesellschaft zu bieten, reichen laut Treichler (2004, S. 71-98) juristische und polizeiliche Maßnahmen nicht aus. Klar sind diese notwendig, bekämpfen jedoch lediglich die Symptome und sind ungeeignet, das wirkliche Problem anzugehen. Soziale Arbeit als Profession verpflichtet sich, die Menschenrechte aller zu achten und für sie einzutreten. Sie hat Zugang zu Diskriminierten wie auch zu den Verursachern und ist somit in der Pflicht! Vor allem aufgrund der Zusammenhänge zwischen sozialstaatlichen Themen und der Problematik des Rassismus, der Fremdenfeindlichkeit…etc. wird dieser Anspruch untermauert. Dieser wird später noch genauer erläutert. Insgesamt ergibt sich die Aufgabe, für die ideelle Menschenwürde und die mit ihr verbundenen Menschenrechte einzustehen, diese zu schätzen bzw. zu verbessern, um allen Angehörigen der multikulturellen Gesellschaft ein menschenwürdiges Leben zu gewährleisten.

3. Fremdenfeindlichkeit, Rassismus, Diskriminierung und ihre Ursachen in der Einwanderungsgesellschaft

Stimmt man den Ausführungen Treichlers (2004, S. 71-98) zu, so ergibt sich zunächst folgende Grundannahme, die unerlässlich und zentral für die gesamte Antidiskriminierungsthematik ist: Rassismus, Fremdenfeindlichkeit, Antisemitismus, Sexismus und die aus ihnen resultierende Diskriminierung ethnischer Gruppen sind keine unvermeidlichen Begleiterscheinungen einer von Migration geprägten Gesellschaft. Ohne diese Basisthese wäre eine wirksame Antidiskriminierungsarbeit natürlich auch überhaupt nicht möglich. Die eben genannten Haltungen sind auf keinen Fall unvermeidbar. Sie müssen vielmehr als Reaktionen bzw. Symptome verstanden werden, mit denen Menschen auf Situationen reagieren, in denen sie sich ungerecht behandelt bzw. selbst benachteiligt fühlen. Der Anstieg von Fremdenfeindlichkeit z.b. ist häufig eng verbunden mit wirtschaftlichen Krisen und ihren Auswirkungen auf die Gesellschaft. Bei der Suche nach einem geeigneten Sündenbock für die eigene missliche Lage, trifft es nahezu immer die gleichen ethnischen Gruppen. Seit dem Mittelalter waren diese vornehmlich Juden, in der Postmoderne vor allem Menschen mit Migrationshintergrund. In Zeiten in denen Arbeitslosigkeit ein Problem darstellt, lassen sich folglich sehr schnell Stimmen finden, die eine Begrenzung der Aufnahmegesellschaft unterstützen. Auf eine sachlich korrekte Argumentation wird hier meistens verzichtet, bis hin zu der völlig verfälschten Darstellung der Realität, auf die rechtsextreme Gruppierungen zugreifen. Fakt ist: Deutschland ist ein Einwanderungsland und profitiert in höchstem Maße von ihr. Aufgrund des demographischen Wandels, Fachkräftemangel...etc. ist Einwanderung unverzichtbar, ganz zu schweigen von den Vorzügen der kulturellen Bereicherung durch Einwanderung. Die Konsequenz hieraus für die Soziale Arbeit muss lauten, diese Missstände beseitigen zu wollen. Ein antidiskriminierendes Vorgehen muss jedoch gerade aufgrund eben beschriebener Ursachen nicht nur schützend für die Opfer wirken, sondern auch vor allem an die Gesamtheit der Bevölkerung gerichtet sein. Andernfalls würde man wieder nur Symptome bekämpfen, was vergleichbar wäre, mit dem Ausschalten eines Feuermelders, um den Brand nicht löschen zu müssen. Gerade aufgrund der sehr unterschiedlichen Machtverteilung in unserer Gesellschaft ist es notwendig, die Thematik strukturell anzugehen.

Wie oben bereits beschrieben, haben diskriminierende Haltungen sehr häufig ökonomische Hintergründe. Vor allem in den letzten Jahren kann man einen deutlichen Trend hin zu rechtem Gedankengut feststellen. Nationalistische Argumentationsweisen genießen heute wieder den Status, salonfähig zu sein. Nach Staub-Bernasconi (2000, S. 151-174) ist hier ein klarer Zusammenhang mit dem Aufkeimen des Neoliberalismus erkennbar. Jener unterstellt eine liberale Chancengleichheit, die aber faktisch nicht existiert. Angehörige der unteren Schichten unserer Gesellschaft fühlen sich gerade nicht gleichberechtigt, was ihre Chancen in der neoliberalen Gesellschaft anbelangt. Verschiedene Zusammenhänge wie z.B. Bildungstand und sozialer Status untermauern diese These. Die Klientel der Sozialen Arbeit fühlt sich am häufigsten benachteiligt und die damit verbundene Unzufriedenheit begünstigt die Annahme fremdenfeindlicher bis rechtsextremer Meinungen. Dies beschränkt sich jedoch keinesfalls nur auf Angehörige der unteren Schichten. Auch Jugendliche aus dem Mittelstand die im Neoliberalismus nichts Gutes sehen, werden auf diese Art häufig von Rechtsextremen geködert.

Ein aus dem Neoliberalismus resultierendes Problem ist die Ökonomisierung des Sozialstaats. Ist die Betriebswirtschaft lediglich Zielen unterworfen wie Gewinnmaximierung und dem damit verbundenen Effizienzdenken, so verpflichtet sich die Soziale Arbeit hingegen zu humanitären, menschenrechtlichen Zielen. Die Schnittmenge beider Zielsetzungen ist häufig denkbar gering. Betriebswirtschaftliches Effizienzdenken wird jedoch mittlerweile auf sämtlichen Ebenen und somit auch auf sozialstaatlicher gefordert. Der damit verbundene Abbau des Sozialstaats führt zu einem Mehr an Stigmatisierung und Diskriminierung der von sozialen Problemlagen betroffenen Menschen, welche wiederum selbst ihrer Unzufriedenheit durch schädliche Haltungen Luft machen (Staub-Bernasconi, 2000, S. 151-174).

Schließlich stellt sich auch noch folgende Frage: Sind betriebswirtschaftliche Maßstäbe überhaupt übertragbar auf die Klienten und Klientinnen Sozialer Arbeit? Staub-Bernasconi (2000, S. 151-174) zeigt auf, dass dies eben nicht der Fall ist. Die Wirtschaft sucht sich ihre Kunden vor allem nach ihrer Konsumwilligkeit und Zahlungsfähigkeit aus. Sieht man sich den Großteil der Menschen an, die mit Sozialer Arbeit in Kontakt kommen, so ist folglich klar, dass diese Maßstäbe hier nicht bzw. nur begrenzt anwendbar sind. Die Betroffenen können die geforderte Effizienz nicht nachweisen bzw. passen nicht in ein Schema der Kundenorientierung, da sie in der Mehrheit der Fälle nicht zu den besser Verdienenden gehören. Kennziffern die in der Betriebswirtschaftslehre ihre Anwendung finden und immer häufiger in sämtlichen anderen Bereichen als Indikatoren für effiziente Arbeit gefordert werden, können für die Soziale Arbeit nicht genügen. Weißt ein sozialer Betrieb etwa eine hohe Rentabilität aus, bedeutet dies nicht notwendiger Weise ein Plus an Fachlichkeit und Wirksamkeit der dort angebotenen Maßnahmen. Aus dieser Widersprüchlichkeit heraus entsteht eine neue Form von Diskriminierung und Stigmatisierung der Klientel Sozialer Arbeit.

4. Europäische und nationale Antidiskriminierungsrichtlinien

Ich möchte nun kurz auf Richtlinien und Gesetze eingehen, die erlassen wurden, um eine Grundlage für eine antidiskriminierende Politik und Rechtssprechung zu bilden. Vorweg ist anzumerken, dass es teils große Unterschiede gibt, was Richtlinien der EU und die konkreten Umsetzungen bzw. Gesetze in ihren Mitgliedstaaten anbelangt. Ist Antidiskriminierung in manchen Staaten bereits seit Jahrzehnten ein Thema, so hinkten andere wiederum lange hinterher und konnten die Vorgaben aus Brüssel nur mühsam umsetzen. Der Bundesrepublik Deutschland kommt hier leider keineswegs eine Vorreiterrolle zu.

Grundsätzlich ihren Anfang hat die europäische Antidiskriminierungspolitik im „Internationalen Übereinkommen zur Beseitigung jeder Form der Rassenbeziehung". Dieses Übereinkommen wurde bereits am 7. März 1966 getroffen. Es umfasst einen sehr weit gefassten Rassebegriff, der unter anderem den nationalen Ursprung, Anstammung und Volkstum mit einbezieht. Alle EU-Mitgliedsstaaten haben sich verbindlich dazu bereiterklärt, dieses Übereinkommen auch umzusetzen. Die Realität hingegen sah anders aus, echte Umsetzungen waren kaum bemerkbar. Vor allem die BRD musste sich aufgrund ihrer Zurückhaltung mehrfach starke Kritik gefallen lassen (Treichler, 2004, S. 71-98).

Größere Bedeutung erfuhr das Thema Antidiskriminierung wieder in der postmodernen Zeit. Die EU wollte damit vor allem auf die Herausforderungen in ihren großen Einwanderungsgesellschaften reagieren. Vor allem das Wiedererstarken der Rechten, die europaweite Zunahme rassistischer Gewalttaten und der Fundamentalismus führten dazu, dass man sich gezwungen sah, zu handeln. Die EU stellt mit ihren rund 450 Mio. Menschen, die in ihren Mitgliedsstaaten leben, immerhin das drittgrößte pluriethnische Gemeinwesen der Welt dar. Das Negativbeispiel Jugoslawien wirkte hier alarmierend. Um ein Mindestmaß an Stabilität und Sicherheit zu wahren, wollte man vergleichbare Ereignisse, also ein Ausufern von Konflikten zwischen unterschiedlichen ethnischen Gruppen, verhindern (Treichler, 2004, S. 71-98). Als allgemeine Grundlage betont die EU laut Treichler (2004, S. 71-98) die zentrale Bedeutung der Menschenrechte und Grundfreiheiten. Zu diesen müssen sich all ihre Mitgliedsstaaten bekennen, damit ein friedliches Miteinander möglich ist. Auch als Fundament für eine Politik der Antidiskriminierung erlangen diese Rechte und Freiheiten zentrale Bedeutung. Um einer möglichen bzw. existenten Diskriminierung entgegenwirken, muss das Ziel sämtlicher antidiskriminierender Maßnahmen sein, diese Grundfreiheiten und Menschenrechte für alle Menschen gleichermaßen zu verwirklich, bzw. zugängig zu machen. Sozialer Arbeit als Profession kommt hier ebenfalls eine wichtige Rolle zu (in Punkt 5 noch genauer erläutert).

Bei all den Motiven für Antidiskriminierung dürfen aber die sehr gewichtigen, ökonomischen Interessen, die ebenfalls hinter diesen Bemühungen stecken, nicht vergessen werden. Gerät eine Gesellschaft in den Ruf in hohem Maße rassistisch, fremdenfeindlich…etc. geprägt zu sein, wirkt sich dies unter Umständen negativ auf ihre ökonomische Situation aus. In Zeiten der Globalisierung und vor allem in Zeiten, in denen Fachkräfte aus dem Ausland benötigt werden, können sich die europäischen Industrienationen ein solches Image kaum mehr leisten.

Die multikulturelle Einwanderungsgesellschaft steht unter anderem auch für wirtschaftliche Attraktivität (Treichler, 2004, S. 71-98)!

Es zeigt sich also, dass in Europa durchaus ein größeres Interesse an Antidiskriminierungsmaßnahmen festzustellen ist. Was jedoch oft in Vergessenheit gerät: Drittstaatangehörige, also Menschen aus Ländern die nicht innerhalb der EU liegen, erfahren durch all dies keinen Schutz. Es sind aber oft gerade jene, die Opfer fremdenfeindlicher Gewalt werden. Um dem entgegenzuwirken, forderte das Europäische Parlament bereits 1995 allen in der EU lebenden Menschen einen besseren Schutz ihrer Grundrechte zu ermöglichen, da dieser nicht ausreichend gewährleistet ist (Treichler, 2004, S. 71-98).

Als nächstes möchte ich noch kurz auf die konkreten Beschlüsse durch die EU bis hin zum Allgemeinen Gleichbehandlungsgesetz in der Bundesrepublik Deutschland eingehen. Zunächst ist hier der Amsterdamer Vertrag aus dem Jahr 1997 zu nennen. Er enthält unter anderem den Artikel 13, der besagt, dass eine Diskriminierung aufgrund der Rasse, des Geschlechts, der ethnischen Herkunft, der Religion, der Weltanschauung, von Behinderung, des Alters oder der sexuellen Ausrichtung verboten sei. In das gleiche Jahr fällt auch die Gründung der *Europäischen Stelle zur Beobachtung von Fremdenfeindlichkeit und Rassismus* in Wien. Diese Stelle veröffentlicht zum Beispiel auch Daten, was die Häufigkeit rechtsmotivierter Gewalttaten anbelangt, sofern Daten aus den jeweiligen Mitgliedsstaaten verfügbar sind. Ihr kommt daher eine zentrale Aufklärungs- und Berichtsfunktion zu! Sie wurde 2007 umbenannt bzw. ausgebaut zur *EU Agentur für Grundrechte*. Im Jahr 2000 formulierte die EU ihre konkreten Mindeststandards zur Antidiskriminierung. Diese wären von den „alten" Mitgliedsstaaten bis spätestens 2003 umzusetzen gewesen. Falls bestehende, höhere Standards bereits existierten, durften diese allerdings nicht durch die neuen Mindeststandards ersetzt werden. Die Frist wurde von nahezu allen betreffenden Staaten missachtet. Die Umsetzung in Deutschland erfolgte beispielsweise erst 2006 mit dem AGG. Konfliktfelder wer wann wie diskriminiert wird, bzw. wann jemand sich nicht auf Antidiskriminierungsgesetze berufen kann, existieren jedoch nach wie vor laut Treichler (2004, S. 71-98). Ein Beispiel das dies verdeutlicht, ist die Debatte, ob muslimische Mädchen im Schulunterricht ein Kopftuch tragen dürfen oder nicht. Rückblickend auf EU Richtlinien vom Jahre 2000 dürfte niemand aufgrund seiner Religion oder Weltanschauung bei der Ausübung seiner Beschäftigung oder seines Berufs benachteiligt werden. Gegenargumente von Seiten derer die ein Kopftuchverbot befürworteten, zielten vor allem darauf ab, dem Kopftuch eine politische bzw. fundamentalistisch islamistische Aussage zuzuordnen, die den Grundwerten der Demokratie widerspräche. Ein weiteres Beispiel für Benachteiligung vor allem aus religiösen Gründen, ist die Beschäftigungspolitik der kirchlichen Träger in der Sozialen Arbeit. Diese machen einen nicht geringen Prozentsatz der Träger sozialer Einrichtungen aus, was die Bedeutung dieses Themas für die Soziale Arbeit unterstreicht. Aus Diskrepanzen zwischen Religion, Konfession oder Konfessionslosigkeit der BewerberIn und der des kirchlichen Trägers ergibt sich nicht selten eine Benachteiligungssituation zu Ungunsten der BewerberIn, was eine Nichtanstellung bedeutet.

5. Soziale Arbeit als Menschenrechtsprofession und Instanz der Antidiskriminierung

Soziale Arbeit verpflichtet sich nach ihren Richtlinien zur Wahrung und zur Verfechtung der Menschenwürde und –rechte. Festgehalten ist dies in nahezu allen Erklärungen zur Ethik Sozialer Arbeit. Ich beziehe mich auf die Richtlinien des Deutschen Berufsverband für Soziale Arbeit e.V. (DBSH) (2004). Diskriminierung bedeutet wie oben bereits erwähnt unter anderem, dass Betroffene in ihrer Menschenwürde verletzt werden und bei der Inanspruchnahme ihrer Menschenrechte behindert werden. Ethnische und rassistische Diskriminierung betrifft besonders häufig Menschen, die der Klientel Sozialer Arbeit zugerechnet werden (Asylbewerber, sozial schlechter Gestellte, Menschen ohne festen Wohnsitz,…etc.). Soziale Arbeit muss sich also mit den Themen Antirassismus, Antifremdenfeindlichkeit und Antidiskriminierung verstärkt auseinandersetzen. Zum einen vergrößert sich die Kluft zwischen arm und reich, was die Soziale Arbeit als solche tangiert, zum anderen zeigen Daten der EU Agentur für Grundrechte (2007), dass sich die Brisanz des Themas Rassismus und Fremdenfeindlichkeit erhöht. So wurde laut dieser von den Jahren 2005 bis 2006 für die BRD ein Anstieg von Straftaten mit rechtspolitischer Motivation von 14 % registriert!

Treichler (2004, S. 71-98) nennt jedoch noch eine weitere Form von Benachteiligung, welche gerade Menschen betrifft, die mit Sozialer Arbeit in Kontakt kommen – die Diskriminierung von Seiten des Staates. Hier sei vor allem der Umgang mit Menschen angesprochen, welche keine Aufenthaltserlaubnis (mehr) besitzen und deshalb gezwungen werden sollen, Deutschland zu verlassen. Öffentliche Debatten und die oft scharf vorgebrachte Kritik am Verfahren deutscher Behörden mit diesen Menschen sind keine Seltenheit. Vor allem das Thema Abschiebehaft und die Konditionen in dieser lassen eine Diskrepanz zum Thema Menschenwürde und –rechte vermuten. Betroffene die solche Maßnahmen fürchten, wenden sich äußerst häufig an Beratungsstellen oder andere Angebote, in denen SozialarbeiterInnen und SozialpädagogInnen tätig sind. Sie suchen in der Sozialen Arbeit eine Art Anwalt, der ihre Menschenrechte vertritt. Ein agieren im Hintergrund wäre hier jedoch unzureichend.

Soziale Arbeit muss als Profession auch den Anspruch erheben, bei der Gestaltung der politisch-rechtlichen Rahmenbedingungen, die ihre Arbeit betreffen, mitzuwirken. Es muss also eine öffentliche Stellungnahme und strukturelle Einflussnahme erfolgen.

Abschließend gehe ich noch kurz auf ein weiteres Argument für die Bedeutung von Antidiskriminierung in der Sozialen Arbeit ein. Laut Treichler (2004, S. 71-98) wird der Begriff Rassismus in den beschriebenen Richtlinien und Gesetzen keineswegs genetisch determiniert verwendet, es wird also die biologische Existenz von mehreren Rassen Mensch bestritten. Rasse ist hier vielmehr als „soziales Konstrukt" (Treichler, 2004, S.85) zu verstehen. Dies bedeutet, rassistische Diskriminierung begründet sich größtenteils nicht etwa auf Rassetheorien wie z.b. jener der Nationalsozialisten. Einer ethnischen Gruppe werden bestimmte Eigenschaften, Haltungen…etc. zugeordnet, die demnach für diese „Rasse" charakteristisch wären. Diese Form des Rassismus ist nicht nur in rechtsextremen Kreisen zu finden, sondern in nahezu allen Bevölkerungsschichten präsent. Welche Gruppen Opfer solcher Diskriminierung werden, ist oft lokal unterschiedlich. Ein recht anschauliches Beispiel aus der Oberpfalz sind Spätaussiedler aus der ehemaligen Sowjetunion, denen ein Hang zu Straftaten, Alkoholismus, Bandenbildung bis hin zu nicht vorhandener Arbeitsmoral nachgesagt wird. Vergleichbare Beispiele existieren zahlreich, haben aber allesamt eines gemeinsam: Die Diskriminierung und der hier offen zutage getragene Rassismus dient der Aufrechterhaltung sozialer Ungleichheit. Soziale Arbeit hingegen sieht sich als eine Profession, die sozialer Ungleichheit entgegen wirken soll, was wiederum die Bedeutung des Themas Rassismus in der Sozialen Arbeit betont.

6. Antidiskriminierungsarbeit konkret

Im Folgenden möchte ich kurz auf zwei Ansätze der Antidiskriminierungsarbeit eingehen. Ich beschränke mich auf eine Unterscheidung zwischen horizontal und zielgruppenspezifisch. Eine abgrenzende Unterscheidung zwischen antirassistisch und interkulturell kommt für Soziale Arbeit nicht wirklich in Betracht, da es antirassistischer Elemente bedarf, wie aber auch einer Antidiskriminierungsarbeit die mehr tut, als nur mit dem Finger auf jene zu zeigen, die sie als die Diskriminierer sieht. Ich beziehe mich auf die Ausführungen Treichlers (2004 S. 71-98).

Zielgruppenspezifische Antidiskriminierungsarbeit bedeutet, ein arbeitsteiliges Eingehen auf die von Diskriminierung betroffenen ethnischen Gruppen (Spezialisierung). Es entstehen Experten unter den Sachbearbeitern, die somit ihr Expertenwissen äußerst effektiv einsetzen können. Die Probleme Betroffener können so exakter wahrgenommen werden, da ein besseres

Verständnis der sozialen, beruflichen und alltäglichen Bedingungen denen die Betroffenen unterliegen, ermöglicht wird. Ein klarer Vorteil hiervon liegt darin, dass Diskriminierte „Schutzräume" (Treichler, 2004, S.90, Z. 12) vorfinden, in denen sie sich solidarisieren können, um anschließend einen Schritt zur Selbsthilfe zu wagen, indem sie ihre Interessen gebündelt vertreten.

Gerade dies ist jedoch auch ein Argument für den horizontalen Ansatz, welcher wesentlich neuer ist. Dieser ist zielgruppenübergreifend, richtet sich also an alle Menschen - die aus welchen Gründen auch immer - von Diskriminierung betroffen sind. Er ermöglicht eine neue Perspektive, da der Blickwinkel wesentlich weiter ist. Dadurch wird auch zwischen verschiedenen Gruppen die Benachteiligungserfahrungen gemacht haben, eine Solidarität geschaffen, die über die oben beschriebene Interessenbündelung ermöglicht, sich besser politisch Gehör zu verschaffen. Der wichtigste Aspekt hierbei ist jedoch folgender: Dadurch, dass verschiedenste Gruppen betrachtet werden, verdeutlicht der horizontale Ansatz, dass es sich bei von Diskriminierung betroffenen Menschen nicht etwa um Minderheiten handelt, die bewusst gegen begründete gesellschaftliche Werte verstoßen, bzw. sich abweichend Verhalten. Es kristallisiert sich heraus, dass die Gründe für soziale Ungleichheit in der Haltung derer liegen, die sich als „Normerfüller" (Treichler, 2004, S.91, Z. 9) sehen. Diese Überlegung kann und muss Ausgangspunkt sein, für strukturell wirksame Maßnahmen, die nicht nur Symptome sondern auch Ursachen von Diskriminierung bekämpfen. Insgesamt wird jedoch deutlich, dass ein „entweder oder" nicht sinnvoll erscheint. Beide Ansätze bieten Chancen der wirksamen Antidiskriminierung. Daher bietet sich an, auch beide zu praktizieren.

7. Rassismus als Phänomen aus der Mitte der Gesellschaft

Als letzten Punkt möchte ich nochmals auf das Problem Rassismus, Fremdenfeindlichkeit...etc. konkret als soziales Konstrukt eingehen. Eine wirksame Antidiskriminierungspolitik steht und fällt bereits damit, wie der Blickwinkel auf die Thematik gewählt wird. Die zentrale These lautet, dass Rassismus kein Randgruppenphänomen ist. Er beschränkt sich nicht auf rechte Skinheads, perspektivlose Jugendliche und Leute mit niedrigem Bildungsstand. Rassismus, Fremdenfeindlichkeit und im besonderen Maße auch Antisemitismus, Sexismus, Homophobie...etc. entstehen aus der Mitte der Gesellschaft und entsprechen teils jahrzehntelanger Normanwendung. Negative Bilder von so genannten Randgruppen und die Assoziationen, die mit ihnen verbunden sind, haben eine sehr lange Halbwertszeit. Ein gutes Beispiel sind gängige Phrasen aus der NS-Zeit, die noch heute zur ganz normalen Umgangssprache gehören, wie z.b. „etwas bis zur Vergasung tun". Der Zusammenhang mit Krisensituationen wurde oben bereits hinreichend erläutert. Ein weiterer Punkt ist die Dauerpräsenz von Themen wie z.b. der Einwanderungsdebatte im politischen Alltag und somit in den Medien. Es gibt faktisch keinen Wahlkampf, in dem diese keine Rolle spielt. Nachfolgende Debatten wie etwa die Frage nach einer Leitkultur, der Greencard für indische Informatiker oder vor Jahren die doppelte Staatsbürgerschaft beeinflussen die Menschen in Deutschland nicht nur hinsichtlich ihrer Wahlentscheidung, sondern ermöglichen, fremdenfeindliche Haltungen wieder salonfähig zu machen, bzw. zeichnen ein Bedrohungsszenario - Migration - für den Bürger ab, das real eigentlich nicht existent ist. Migration ist eben keine Bedrohung und die Frage, ob Deutschland ein Einwanderungsland ist oder nicht, stellt sich längst nicht mehr. Der demographische Wandel unserer Gesellschaft und die Wirtschaft mit ihrem hohen Bedarf an Fachkräften allein, sind zentrale Punkte, die Migration als echten Segen erscheinen lassen. Freilich reicht eine solche Argumentation nicht aus, um wirksame Antidiskriminierungsarbeit zu begründen. Diese Punkte müssen aber dennoch endlich richtig dargestellt werden, da die verfälschte Darstellung des Sachverhalts ein zentraler Stimmungsmacher rechter Gruppierungen und Parteien ist. Aufklärung von Beginn an ist hier ein Muss und Soziale Arbeit muss ebenfalls ihren Beitrag dazu leisten.

Vor allem jedoch unser Sozialstaat und die Sozialrechte sind tragende Säulen im Kampf gegen den Rassismus aus der gesellschaftlichen Mitte. Wenn dieser funktioniert und die Menschen, die in Notlagen geraten, sich nicht mehr alleine gelassen fühlen, verhindert man rechtem Gedankengut meist bereits den Zugang, da Unzufriedenheit, Neid und Vorurteile oft erst dadurch entstehen. Sozialarbeit muss dort wirken, wo Probleme entstehen. Sie muss mit Menschen in Kontakt treten und mit ihnen arbeiten, dort wo zwischenmenschliche Begegnungen stattfinden. Der überwiegende Bevölkerungsteil hört sich weder Vorträge zum Thema Rassismus an, noch liest er teure Hochglanzbroschüren zum Thema. Aufklärung, Aufrechterhaltung sozialer Rechte, Schaffung von Perspektiven für junge Menschen, Gemeinwesenarbeit…etc. nur um ein paar Punkte zu nennen, sind allesamt in den Fokus zu ziehen, um eine wirksame Antidiskriminierungspolitik zu etablieren. Es gilt aber auch immer die Grenzen zu sehen, was Soziale Arbeit nicht leisten kann. Antidiskriminierung muss auf sämtlichen Ebenen erfolgen, also auch beispielsweise im Polizeiwesen, in der Rechtssprechung, in Schule und Beruf, im Alltag…etc. Der gesamte Staat ist gefragt, damit in Zukunft eine Gesellschaft entstehen kann ohne Leitkultur und Fremde (Nodes, o.J.)

Literaturverzeichnis

- Deutscher Berufsverband für Soziale Arbeit e.V. [DBSH] (2004). Ethik in der Sozialen Arbeit – Erklärung der Prinzipien (Online). http://www.dbsh.de/Ethik_in_der_Sozialen_Arbeit.pdf. (Stand: Mai 2010)

- European Union Agency for Fundamental Rights (2007). Report on Racism and Xenophobia in the Member States of the EU (Online). http://fra.europa.eu/fraWebsite/attachments/report_racism_0807_de.pdf (Stand: Mai 2010)

- Nodes, W. (o.J.). Rassismus in der Mitte der Bevölkerung bekämpfen – Soziale Arbeit wichtiger Beitrag [Pressemitteilung] (Online). http://www.dbsh.de/Rassismus_.pdf. (Stand: Mai 2010)

- Staub-Bernasconi, S.(2000). Sozialrechte – Restgröße der Menschenrechte?. In Wilken, U. (Hrsg.), Soziale Arbeit zwischen Ethik und Ökonomie (S. 151-174). Freiburg: Lambertus

- Treichler, A. (2004). Wi(e)der Fremdenfeindlichkeit und Rassismus – Europäische Grundlagen und menschenrechtliche Perspektiven der Antidiskriminierungsarbeit. In Treichler, A. Cyrus, N. (Hrsg.), Handbuch Soziale Arbeit in der Einwanderungsgesellschaft (1. Aufl.) (S. 71-98).Frankfurt am Main: Brandes & Apsel

BEI GRIN MACHT SICH IHR
WISSEN BEZAHLT

- Wir veröffentlichen Ihre Hausarbeit,
  Bachelor- und Masterarbeit

- Ihr eigenes eBook und Buch -
  weltweit in allen wichtigen Shops

- Verdienen Sie an jedem Verkauf

Jetzt bei www.GRIN.com hochladen
und kostenlos publizieren